ぜんぶ

もやしレシピ

きじまりゅうた

はらぺこスピードレシピ

俺が思う、もやしのこと

これまでは、「安いし、かさ増しできるし、ほかの食材の味のじゃまをしない」なんて理由で、もやしと接することが多かったけど、ホント失礼なことをしてきたと猛省しています。それに気づかせてくれたのが、もやし工場の見学で試食した、採れたてのもやしでした。かじると梨のような甘みが口の中に広がり、生で食べてもジューシーなのに、水っぽさは皆無。もやしってこんなにおいしかったんだ!

改めてまじまじと見れば、白く透き通った肌は「もやし美人」って言葉があってもいいんじゃないのってくらい美し

い。それに、いつ会っても変わらぬ態度（値段）で接してくれる。そんなもやしのよさを、どうすればもっと感じられるだろう……と考えたのがこの本です。

もやしは炒めても、ゆでても、揚げてもうまいし、相方の素材がどれであろうとも場をまとめてくれる。どう食べてもそれなりにおいしくできるからこそ、「まずはコレ作って！」というおすすめレシピをまとめてみました。

最後に、もやしに伝えたいのは、もうちょっと高くてもいいよってこと。こんなにすてきなんだから、あと10円20円高くても気にしないよ。それより、ずっとそばにいてねってのが俺の願いです。

きじまりゅうた

もくじ

俺が思う、もやしのこと……2

本書のきまり……9

もやしのいいところ……10

基本をおさえておいしく食べる!!
もやし達人への道……12

Column
きじまりゅうたとスタッフで
3種類のもやしを食べくらべ!……16

1章
もやし料理ならぜったいコレ!
究極もやしレシピ10

2章
手軽に作る酒のおとも
おつまみもやし

味にパンチをきかせて酒のおともに……46

■ もやしのカリカリチーズ焼き 48

■ 豆もやしのトマト炒め 50

■ うもや 52

■ もやしのチーズグラタン 54

■ もやしの素揚げ 56

もやしをダイレクトに
楽しめる料理を厳選！……18

■ もやしのシンプル塩炒め　20
■ 浜松風餃子　22
■ もやし目玉焼き　24
■ 豆もやしナムル　26
■ 豆もやしのキムチ鍋　28
■ もやし焼き春巻き　30
■ バキバキもやしの鶏つくね　32
■ ゆでもやしのホットサラダ　34
■ もやしのかき揚げ　36
■ もやしラーメン　38

Column
きじまりゅうたが行く！
もやし工場見学レポ……40

■ もやしのクミン炒め　61
■ とろろもやし　62
■ もやしのガーリックバター炒め　63
■ もやしのごまあえ　64
■ もやしのお焼き　65
■ 豆もやしの冷やし中華サラダ　66

3章 メインディッシュも、もやしで決まり！
おかずもやし

もやしはかさ増しじゃなく、おかずの主役に……68

- もやしの肉巻きソテー 70
- 鶏手羽の煮込みとゆでもやし 72
- もやしたっぷりバインセオ風 74
- もやしとかにかまのチャンプルー風 76
- もやしごとシュウマイ 78
- ゆでさんまとレンチンもやし 80

4章 もやし2袋分を一気に作ってストック
作りおきおかずの素

おかずの素を作って、保存性アップ！……96

ピリ辛もやし
- もやしのピリ辛チヂミ 98

■レバもや炒め　82
■鮭ともやしのちゃんちゃん焼き　84
■もやしと鶏もも肉のこしょう炒め　86
■豚肉ともやしの雲白肉《ウンパイロー》　88
■ほたてののりバターソテー　もやし添え　90

Column
自宅でもやしを育ててみました！……92

甘酢漬けもやし　104
■もやしのバインミー風エスニックサンド　106
■もやしのアボカドサラダ　108
■シャキシャキもやしの生春巻き　109

しょうゆ漬けもやし　110
■もやし入りチャーハン　112
■厚揚げともやしの煮物　114
■もやしのせ温野菜サラダ　115

Column
もやしが生き生き、新鮮に保てる
50℃洗い……116

5章 大満足のワンプレートディッシュ
もやしのご飯・めん・パン

平日の夜は、この一品で大満足！……118

- もやしあんかけ丼 120
- もやしの広島風お好み焼き 122
- ほぼもやしのざるそば 124
- 豆もやしの梅スープ茶漬け 126
- もやしの油そば 128
- ぎっしりもやしサラダサンド 130
- 豆もやしと鮭の炊き込みご飯 132
- もやしカレー 134
- もやしそぼろかけご飯 136

6章 具だくさんでボリュームたっぷり
もやしの小鍋＆スープ

小鍋やスープも、もやしなら短時間で完成!!……140

- まるごとトマトともやしの小鍋 142
- もやしのレモンコンソメスープ 144

Column
育てたもやしでお手軽レシピ……138

■もやしと豆のメキシカンスープ 150
■もやしとベーコンの重ね蒸し鍋 152
■もやしザーサイの小鍋 154
■もやしの豆乳スープ 156
主材料別INDEX……158

本書のきまり

【分量・材料】

●もやしは、商品によって分量が異なります。本書では、1袋200gです。

●材料のグラム数は、皮や種を除いた分量です。皮つきのまま調理する場合は、皮も含んだ分量です。

●計量には、計量スプーンと計量カップを使っています。小さじ1＝5mℓ、大さじ1＝15mℓ、1カップ＝200mℓです（mℓ＝cc）。

●ごはんの量は、茶碗1杯分＝150～200gです。

●塩は精製塩、しょうゆは濃口しょうゆ、砂糖は上白糖、酢は穀物酢を使用しています。みそは好みのものを使用してください。ただし商品によって塩分量が異なるため、加減して使いましょう。

【調理器具】

●フライパンは、フッ素樹脂加工のものを使用しています。

●電子レンジの加熱時間は、500Wを基準にしています。400Wの場合は加熱時間を1.2倍、600Wの場合は0.8倍にしてください。

●オーブントースターは、機種によって加熱の具合に差があります。目安の時間を表記していますが、ようすをみながら加減してください。

もやしのいいところ

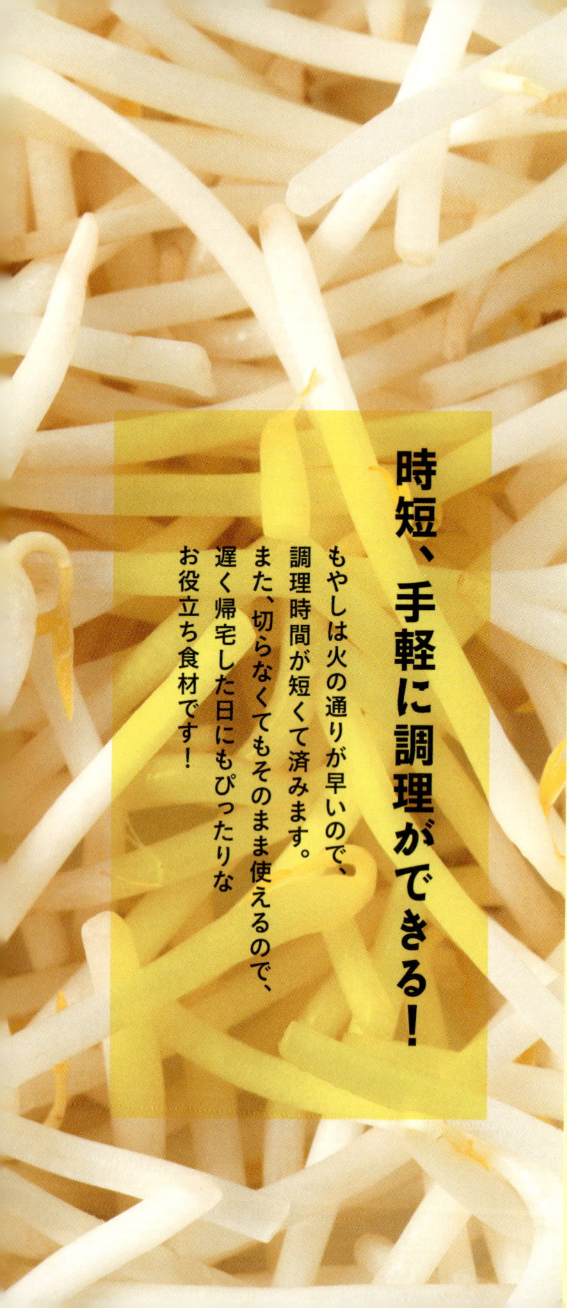

時短、手軽に調理ができる!

もやしは火の通りが早いので、調理時間が短くて済みます。
また、切らなくてもそのまま使えるので、遅く帰宅した日にもぴったりなお役立ち食材です!

使い勝手がいい！

もやしはシンプルな味わいなので、
ほかの食材の味をじゃませず、
どんな食材とも組み合わせられます。
だから、みじん切りにして
ひき肉に混ぜ合わせるといった
使い方もできるのです！
また、サッと炒めて
シャキシャキ感を残したり、
クタクタにして
旨みを吸わせたり、
料理によって変幻自在です。

コスパ最強！

とにかく安い。
一袋でおなかいっぱいになる
コストパフォーマンスの
高さが魅力です。
一年中いつでも買えて、
価格は一袋数十円。
お財布にやさしいもやしを
使わない手はありません。

基本をおさえておいしく食べる!!

もやし
達人への道

まずは、もやしの基礎知識をしっかりおさえて、
おいしいもやし料理を作るのに役立てましょう！

1 もやしについて

栄養
もやしは、意外と高栄養。ビタミンC・B群、食物繊維、カリウム、カルシウム、鉄、アスパラギン酸が豊富です。

カロリー
もやしは、低カロリー。100gあたり、緑豆もやし14kcal、ブラックマッペもやし15kcal、大豆もやし37kcalです。

旬
もやしは水耕栽培のため、決まった旬はありません。一年を通して食べられることも、もやしの魅力の一つです。

スプラウトの仲間
もやしは、スプラウト（発芽野菜）の仲間で、豆などが発芽した若芽のこと。ほかにも、貝割れ菜、豆苗などがスプラウトの仲間です。

2 もやしの種類

「もやし」と言っても、種類が複数あることを知っていますか？　日本では、主に緑豆《りょくとう》、ブラックマッペ、大豆といった三つの種子のもやしが生産されています。なじみのないもやしもあるかと思いますが、じつは東日本で主に出回るのは緑豆、西日本はブラックマッペと、地域によって異なるようです。

緑豆もやし

生産量がもっとも多いもやし。「緑豆」とよばれる中国原産の豆を原料とし、茎が太く、みずみずしいのが特長です。

ブラックマッペもやし

「ブラックマッペ」とよばれる黒豆を原料にしています。緑豆に比べて、茎がやや細め。出回るのは西日本が主流ですが、東日本でも販売しています。

大豆もやし

大豆が原料のもやし。豆がついたままなので、緑豆、ブラックマッペにはない濃厚な味わい、食感が楽しめます。本書では「豆もやし」と表記しています。

プレミアムな“深谷もやし”

埼玉県深谷市の飯塚商店で取り扱う深谷もやしは、完全手作業にこだわり、出荷量が少ないため、1袋（200g）150〜200円という、プレミアム価格。みずみずしさと上品な香りを楽しめます。

3

選び方

買うときはここをチェック

- 芽の色が黄色
  （茶色に変色していたら×）
- 茎が太い
- 茎にハリがある
- 茎が白い

4

保存方法

開封前

冷蔵庫に入れて保存しましょう。あれば、チルド室で保存をするのがベストです。2～3日よい状態で保存できます。

開封後

袋を輪ゴムで留めると、輪ゴムが当たったもやしが折れて水分が出てしまうことも。保存用ポリ袋に入れて空気を抜き、冷蔵庫（あればチルド室）で保存して、できるだけ早く食べましょう。

ひげ根を取る

ひげ根とは、もやしの先端に伸びた根のこと。残っていても食べられますが、取ると食感が増し、見た目もよくなります。時間があるときは取ると、さらにおいしく食べられます。

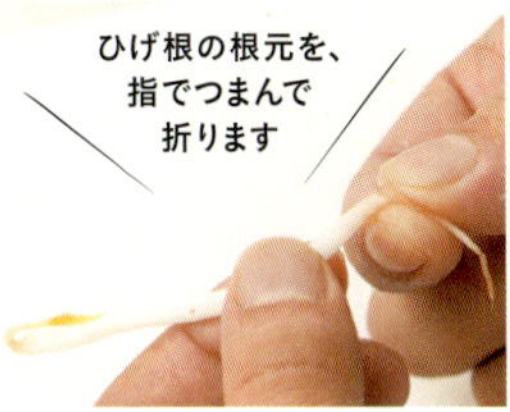
ひげ根の根元を、
指でつまんで
折ります

5 下ごしらえの仕方

水洗いをする

手でザブザブ洗うと、もやしが折れてしまうことも。もやしは、ひげ根や豆の皮を取り除くだけで十分なので、水につけて、ひげ根や豆の皮を浮かせて除去しましょう。

1

ボウルとざるを用意します。ボウルに水を張ってもやしを入れ、ひげ根や豆の皮を浮かせます。

2

余分なひげ根や豆の皮はボウルに残したまま、もやしを手でつかみ、ざるに上げます。

きじまりゅうたと
スタッフで

3種類のもやしを食べくらべ！

p.13で紹介した3種類のもやしを、「ゆでる」「電子レンジで加熱（レンチン）する」の2つの調理法で食べてみました。それぞれのコメントを参考に、好みのもやしと調理法を見つけてください！

	緑豆	ブラックマッペ	大豆
ゆでる	ジューシーで、果物のような甘さが出る。透明感も強い。	さっぱりとした軽い味わいに。緑豆より甘みが少ないが上品。	豆の味と香りが強い。みずみずしさが残るので、甘めの味わい。
レンチンする	甘みがある。えぐみが残るものの、クセになるような後味に。	ゆでたものと同様、さっぱりとした軽い味わい。緑豆よりはえぐみが少ない。	豆の香りがアップし、苦みが出る。豆の味を存分に楽しみたいなら、レンチン！

「甘みを楽しみたいなら緑豆」「さっぱり食べたいならブラックマッペ」「豆を楽しみたいなら大豆」という結果に。調理法としては、どのもやしも「ゆでると甘みが出る」「電子レンジで加熱するとクセが残るが味は強い」。シンプルにもやしの味を楽しみたいなら「ゆでる」、濃い味つけをするなら「電子レンジで加熱する」のがおすすめ！

1章

もやし料理ならぜったいコレ！

究極もやしレシピ10

もやしをダイレクトに楽しめる料理を厳選！

「もやし料理と言っても、何を作ればいいのかわからない」とお困りのあなた！　まずは、この章で紹介するレシピをお試しあれ。この章では、「もやしだからこそおいしい！」という料理を10品、厳選しました。どのレシピもダイレクトにもやしの味が楽しめる、もやしがおいしく食べられるものばかりです。

　炒めたり焼いたりゆでたり具材に混ぜたりと、汎用性の高いもやしだからこそ、いろいろな料理が楽しめます。

選ばれた究極の

もやしレシピ 10

もやしのシンプル塩炒め⇒p.20

ゆでもやしのホットサラダ⇒p.34

豆もやしのキムチ鍋⇒p.28

浜松風餃子⇒p.22

もやしのかき揚げ⇒p.36

もやし焼き春巻き⇒p.30

もやし目玉焼き⇒p.24

もやしラーメン⇒p.38

バキバキもやしの鶏つくね⇒p.32

豆もやしナムル⇒p.26

究極レシピ 1

もやしの甘みが100%感じられる！

もやしのシンプル塩炒め

材料◉ 2人分

もやし……１袋

サラダ油……大さじ½

にんにく（皮ごとつぶして皮と芯を除き、粗みじん切り）

……1片分

塩……小さじ¼

粗びき黒こしょう……少々

ごま油……大さじ½

1 フライパンにサラダ油、にんにくを中火で熱し、香りがたったらもやしを入れ、塩をふって少しやわらかくなるまで1分30秒～2分炒める。

2 こしょうをふり、ごま油をかけてすばやく混ぜ合わせ、すぐに火から下ろす。

早めに火から下ろして、
余熱で火を通そう！

究極レシピ 2

もやしと一緒に食べるのが浜松流！

浜松風餃子

餃子はたくさん作って
冷凍しても。
凍ったまま同じように
焼けばOK！

材料◉2人分

もやし……1袋

キャベツ（みじん切り）……300g

塩……小さじ½

サラダ油……適量

豚ひき肉……100g

A［しょうゆ小さじ2、酒小さじ1、ごま油大さじ1、おろしにんにく小さじ½］

餃子の皮……24枚

B［しょうゆ、酢、ラー油各適量］

1 ボウルにキャベツを入れ、塩をまぶして約10分おき、水けを絞る。もやしは熱湯で2分ゆで、ざるに上げる。

2 フライパンにサラダ油適量を引く。

3 別のボウルにひき肉を入れてよく練り、Aを入れて混ぜる。1のキャベツを入れて混ぜ合わせ、たねを作る。

4 餃子の皮で3のたねを包み、2のフライパンに並べる。

5 フライパンを中火にかけ、餃子を焼く。パチパチと音がしてきたら水大さじ4を入れ、ふたをして蒸し焼きにする。水分がなくなったらふたを取り、サラダ油大さじ½を鍋肌から入れて、底面がカリッとするまで焼く。裏返して器に盛る。

6 1のもやしを中央に盛る。Bを混ぜ合わせて添える。

究極レシピ3

もやしが黄身のソースによくからむ！

もやし目玉焼き

材料◉2人分

もやし……１袋

サラダ油……大さじ½

塩……少々

粗びき黒こしょう……少々

卵……２個

しょうゆ……適量

1 フライパンにサラダ油を中火で熱し、もやしを入れてしんなりするまで炒める。

2 塩、こしょうをふり、フライパンの中でもやしを２等分し、それぞれの中央にくぼみを作り、卵を割り入れる。

3 ふたをして卵が好みのかたさになるまで焼き、器に盛る。好みでしょうゆをかける。

卵の黄身をソースにして
めしあがれ！

究極レシピ 4

韓国のもやし料理といえばこれ！

豆もやしナムル

材料◉1～2人分

豆もやし……１袋

A［ 塩、ごま油各適量 ］

B［ ごま油大さじ1、おろしにんにく小さじ¼、塩小さじ¼、
粗びき黒こしょう少々 ］

白すりごま……小さじ2

1 鍋に湯を沸かして A を入れ、豆もやしを加えて約２分ゆでる。ざるに上げ、粗熱がとれるまで冷ます。

2 ボウルに B を入れて混ぜ合わせ、 1 を入れてあえる。ごまを加えて混ぜる。

究極レシピ 5

ピリ辛スープがもやしによくからむ！

豆もやしのキムチ鍋

材料◉2人分

豆もやし……1袋

ごま油……大さじ½

白菜キムチ（ざく切り）……150g

A［オイスターソース大さじ1、
鶏がらスープの素大さじ½、一味唐辛子少々］

水……2½カップ

木綿豆腐……1丁

卵……2個

1 鍋にごま油とキムチを入れて火にかけ、香りがたつまで炒めたら、Aと水を加える。

2 スプーンで豆腐を食べやすい大きさにすくい取って入れ、さらに豆もやしを加える。煮立ったらふたをして約5分煮る。

3 ふたを取って卵を割り入れ、好みのかたさになるまで煮る。

もやしを1袋まるごと
使えば、肉がなくても
おなかいっぱい！

究極レシピ 6

とろ〜りシャキシャキのあんが魅力

もやし焼き春巻き

材料◉1〜2人分
もやし……1袋
サラダ油……大さじ3
長ねぎ（4㎝長さに切ってから縦5㎜幅に切る）……½本分
ロースハム（薄切り／半分に切って5㎜幅の細切り）……5枚分
A［ 水¾カップ、しょうゆ小さじ1、オイスターソース小さじ1、
鶏がらスープの素小さじ1 ］
水溶き片栗粉［ 片栗粉大さじ1½、水大さじ2½ ］
春巻きの皮……6枚
B［ 薄力粉大さじ1、水大さじ1 ］

1 フライパンにサラダ油大さじ½を熱し、長ねぎ、ハム、もやしの順に入れて炒める。しんなりしたら A を加え、煮立ったら弱火にして約3分煮る。水溶き片栗粉を混ぜ合わせて加え、具にとろみがついたら、火からおろして冷ます。
★片栗粉がダマにならないよう、一度火を止めてから混ぜてもOK。

2 春巻きの皮をひし形向きにおく。B を混ぜ合わせてのりを作り、奥側の皮の縁に塗る。1 を6等分にして皮の手前にのせてひと巻きし、左右を内側に折りたたみ、手前側から巻く。

3 フライパンにサラダ油大さじ2½を入れ、春巻きの閉じ目を下にして並べて中火にかける。焼き色がついたら裏返し、弱火にして全体がきつね色になるまで焼く。

揚げるのがめんどうな春巻きも、
多めの油でこんがり焼けばラクチン！

究極レシピ 7

ナッツのような香ばしさが口に広がる

バキバキもやしの鶏つくね

ウマイッ
ふわふわつくねの中に、
もやしのバキバキ。
これぞ新食感！
もやし

材料◉2人分
もやし……½袋
鶏ももひき肉……200g
A［卵白1個分、片栗粉大さじ1、酒大さじ½、塩少々］
サラダ油……大さじ½
B［水大さじ4、酒大さじ1½、しょうゆ大さじ1½、
砂糖大さじ1、みりん大さじ1、片栗粉大さじ½］
青ねぎ（小口切り）……適量
卵黄……1個

1 ボウルにひき肉を入れて粘りが出るまで練り、Aを混ぜ合わせて加える。もやしを入れ、手でもむようにしてつぶしながら混ぜ、たねを作る。

2 フライパンにサラダ油を入れ、1のたねを12等分してスプーンですくって並べて、中火にかける。焼き色がついたら裏返し、ふたをして約3分蒸し焼きにし、ふたを取って器に盛る。

3 フライパンをペーパータオルでサッと拭き、Bを混ぜ合わせて入れる。すばやく混ぜながらとろみをつけ、2にかける。青ねぎを散らし、卵黄を溶いてかける。

もやしは洋風サラダにもバッチリ

ゆでもやしのホットサラダ

究極レシピ 8

材料◉2人分

もやし……1袋

パセリ(みじん切り)……1枝分

A [オリーブオイル大さじ1、酢大さじ1、塩小さじ¼、こしょう少々]

B [塩、サラダ油各適量]

1 小さめのボウルに、パセリとAを入れて混ぜ合わせる。

2 鍋に湯を沸かし、Bともやしを入れる。沸騰したら、ざるに上げて粗熱をとる。

★もやしはかためにゆでて、余熱で火を通すとちょうどよいかたさになります。

3 器に盛り、1をかける。

究極レシピ 9

もやしをかたまりで食べた感じ！

もやしのかき揚げ

材料◉2人分

もやし……1袋

A［薄力粉大さじ5～6(50g)、片栗粉大さじ$\frac{1}{2}$］

B［溶き卵$\frac{1}{2}$個分、冷水$\frac{1}{4}$カップ］

揚げ油……適量

レモン(半月切り)……2切れ

塩……適量

1 ボウルにもやしを入れ、A を加えてざっくりと混ぜる。

2 別のボウルに B を入れて混ぜ、1 に加えて、とろみがつくまでざっくりと混ぜる。

3 フライパンに揚げ油を約3㎝深さまで入れて、約180℃に熱し、2 を4～6等分して玉杓子ですくって入れる。途中、箸でかき揚げを数か所刺して約2分揚げる。

★揚げ油に衣を少し落とし、途中まで沈んでから浮き上がってくれば、約180℃です。

4 油をきって器に盛り、レモン、塩を添える。

揚げている途中に箸で刺すと、
中まで油が行きわたるから
カリッと仕上がるよ!

究極レシピ10

とろとろのあんとこっくりスープが相性バツグン

もやしラーメン

材料◉2人分

もやし……1袋

A［だし汁3½カップ、鶏がらスープの素大さじ1、
しょうゆ大さじ1、オイスターソース大さじ1、
サラダ油大さじ1、ごま油大さじ½］

中華めん……2玉

サラダ油……大さじ½

豚こま切れ肉……100g

水溶き片栗粉［片栗粉小さじ2、水大さじ1］

※だしのとり方⇒鍋に水1ℓ、昆布10㎝を入れて中火にかけ、沸騰したら昆布を取り出す。かつお節5gを加え、弱火で3分煮、火を止めてざるでこす。

1 鍋にAを入れて中火にかけて、スープを作る。

2 別の鍋に湯を沸かして、袋の表示通りに中華めんをゆでて、水けをきる。

3 フライパンにサラダ油を中火で熱し、豚肉を入れて炒め、色が変わったらもやしを加え、しんなりするまで炒める。

4 3に1のスープを¾カップ加え、水溶き片栗粉を混ぜて入れ、すばやく混ぜてとろみをつける。

5 器2つに1のスープの残りを等分に注ぎ、2のめんを入れ、4をかける。

きじまりゅうたが行く!

もやし工場見学レポ

もやしって、いったいどうやって栽培されているの?
きじまりゅうたが、もやし製造工場に直撃取材!

ご協力いただいたのは

サイキ食品株式会社

埼玉県所沢市のもやしメーカー。秩父山系の天然水を使用し、薬品を使わないもやしづくりを徹底している。
https://www.saikishokuhin.co.jp/

❶ 原料の豆の準備

サイキ食品では、原料の緑豆を中国で栽培。広大な畑で育て、収穫はほぼ手作業です。割れやしわのある豆は発芽しないため、手作業で選別作業を行うなど、厳しいチェックをくぐり抜けた豆だけが、工場に集まります。

もやしの原料である緑豆。
この時点では、見た目は小さいふつうの豆。

❷ 7〜8日間かけて栽培

緑豆を栽培室へ運び、滅菌処理したあと一晩湯につけます。こうすることで、豆がふやけ、発芽しやすい状態になるのです。湯につけた豆はコンテナへ。数時間に1回ずつ水をまき、約1週間でもやしに成長。あまりの成長の早さに、びっくり！

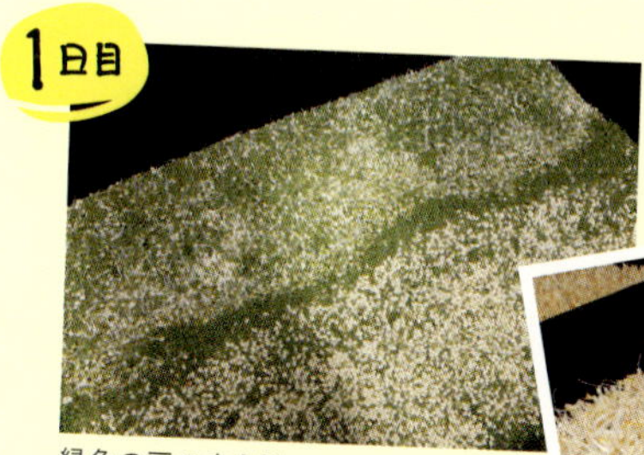

緑色の豆の皮を破って、白いもやしの芽が顔を出している。

芽が伸び、すでにもやしの形に成長している。

コンテナから、あふれんばかりに育ったもやし。

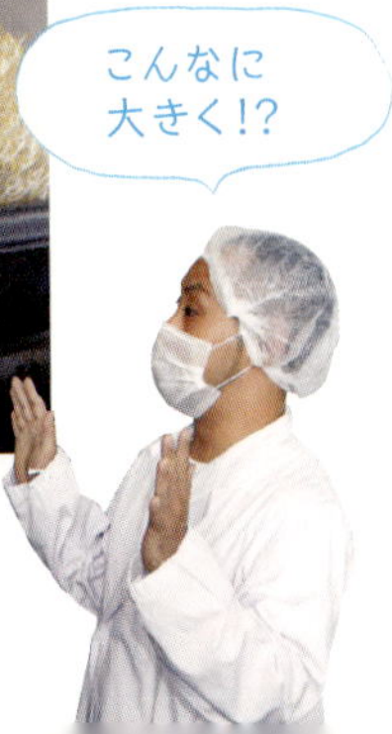

❸ できたてを工場へ

栽培室で育ったもやしは、コンテナごと工場へ運び入れます。コンテナに詰まった約500kgのもやしが、一気に機械にのる様は圧巻！　できたてのもやしは、ここから袋詰めの工程へ。

約500kg＝
約2000袋

甘みが強くて
うまい！

栽培したてのフレッシュなもやしを試食。

重機を使って、もやしを一気にコンテナから機械へ。

❹ 洗浄する

栽培したてのもやしには、緑豆のまわりをおおっていた豆殻や、余分な根がついています。これらを“バブリング”という工程で、洗浄していきます。もやしがバブリングの装置に入ると、水圧で豆殻や根が取り除かれます。

洗浄後の水をすくいあげると、取り除かれた豆殻や根が！

豆殻や
根を除去！

❺ 根を取り除く

洗浄で取りきれなかった根をカットするために、もやしは根取り装置へ運ばれます。ここを通ると、自動的に根がカットされるしくみ。そのため、店頭に並ぶもやしは、余分な根がほとんど取り除かれた状態なのです。

根取り率80％！

もやしを傷めずに、根だけをカット。

❻ 計量する

根取り装置で取れたもやしの根や豆殻を除去するため、ふたたび洗浄。そして脱水装置で余計な水分を落とし、色調判断で異物を取り除いたら、自動計量装置で1袋ごとに計量されていきます。

1袋ごとに、次々と計量されていく。

❼ 人間の目で検品

計量後、包装袋へもやしが詰められます。その後、異物や内容量の過不足をチェックし、最終検査へ。最終検査は有資格者による目視で行います。商品を確認して、密封が十分でない商品などをよけていきます。よけたもやしは、再び袋詰めへ。

人間の目で、1袋ずつしっかりチェック。

商品として、
みなさんの手元に
届けられます！

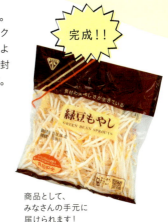

サイキ食品株式会社開発部
石川しずかさん
好きなもやし料理：ナムル

I♡もやし 対談

Noもやし、No Life。サイキ食品開発部の石川しずかさんときじまりゅうたが、もやしの魅力について語りました。

きじま　もやしって、値段が安いことで注目されがちじゃないですか。でも工場を見学して、驚きました。こんなにていねいにつくっているのか！　って。

石川　もやしづくりは農業ですが、工場生産ということもあり、安心安全を重要視しています。栽培から加工まで、薬品はいっさい使用していません。当社では、つくり貯めをしないのも特長です。24時間フル稼働で、新鮮なもやしをつねに出荷しているんですよ。

きじま　新鮮なもやしって、甘くてシャキシャキしておいしいですよね。ぼくもよくもやしを食べるけど、食感を味わいたいから炒め物やあえ物とか、シンプルな料理が多いかな。

石川　もやしは鮮度が命です。わたしもサラダやナムルなど、素材の味がいきる食べ方が好きです。それに原料の豆ごとに味わいが変わるから、飽きずにいろいろ楽しめます。

きじま　そうですよね。緑豆とブラックマッペでは食感が微妙に違うし、大豆はまったく別物。値段より、もっと味や食べ方に注目が集まってほしいなあ。そういえば、工場で栽培したてのもやしを試食したんですが、びっくりするくらいうまい。甘みが強くて、いつものもやしとは全然違う。果物の梨みたい！　あれって、売らないんですか？

石川　残念ながら、今のところ販売予定はありません。出荷の安全基準を満たすためには、洗浄などの工程が必要なんですよ。

きじま　それは残念！　でも、今日はもやしの底力を感じました。これからも、もやしを積極的に使いたいですね。

みなさんにも
もやしの底力を
感じてほしいです！

2章

手軽に作る酒のおとも
おつまみもやし

味にパンチをきかせて
酒のおともに

もやし料理は、おつまみにも最適。シャキシャキの食感、みずみずしい甘みをいかしつつ、チーズやにんにく、スパイスで味にパンチをつけることで、酒にぴったりの味わいになります。なによりヘルシーだから酒と一緒に食べても罪悪感が少ないですよね。調理も、帰宅後すぐにお酒を楽しみたいあなた向けに、シンプルなものばかり。さあ、今宵からもやしのおつまみを肴に、晩酌をしてみませんか？

シャキシャキの
もやしをかめば　もう一献

おすすめのお酒

ビール　白ワイン

焼いたチーズともやしの食感をダブルで楽しむ

もやしの
カリカリチーズ焼き

材料◉2人分

もやし……½袋

オリーブオイル……大さじ½

塩……少々

粗びき黒こしょう……少々

ピザ用チーズ……20g

1 フライパンにオリーブオイルを中火で熱し、もやしを入れてサッと炒める。

2 塩、こしょうをふり、もやしをフライパンに広げてピザ用チーズをかけ、2〜3分焼きつける。チーズが溶けて少し焼き色がついたらザックリと混ぜる。

もやしがまるでパスタ！　ここ、欄外のコメントもお楽しみに〜！

おすすめのお酒
ハイボール
焼酎
ビール
白ワイン

トマトの酸味がきいたさっぱりおつまみ

豆もやしのトマト炒め

材料◉2人分

豆もやし……$\frac{1}{2}$袋

トマト（ヘタをくり抜いて、8等分のくし形切り）……小1個分

薄力粉……適量

オリーブオイル……大さじ1

しょうゆ……大さじ1

1 トマトに薄力粉をまぶす。

2 フライパンにオリーブオイル大さじ$\frac{1}{2}$を中火で熱し、豆もやしを入れてしんなりするまで炒め、取り出す。

3 同じフライパンにオリーブオイル大さじ$\frac{1}{2}$を熱し、トマトを入れる。断面を焼きつけ、全体に焼き色がついたら2の豆もやしを戻し入れて、しょうゆで調味する。

豆もやしって豆の部分がうまいんだよね～

「うなぎ、もやし、もやし」くらいのペースで食べてね（笑）

おすすめのお酒

焼酎　日本酒

うなぎ×もやしでちょっぴり贅沢に

うもや

材料◉2人分

もやし……1/2袋

A［ 酢大さじ1、砂糖小さじ1、塩小さじ1/4 ］

うなぎのかば焼き（電子レンジで温め、1㎝幅に切る）……1/2枚分

1. 耐熱ボウルにもやしを入れ、ラップをかけて電子レンジで1分30秒加熱する。
2. もやしが熱いうちに A を加えてからめる。そのまましばらくおいて粗熱をとり、汁けをきる。
3. うなぎと 2 のもやしをあえる。

うなぎときゅうりの酢の物
「うざく」をもやしでアレンジ

濃いめの味つけだから、
さっぱりとしたお酒と
一緒にめしあがれ!
もやし

おすすめのお酒

ハイボール　白ワイン

クタクタもやしがホワイトソースによくからむ

もやしのチーズグラタン

材料◉2人分

もやし……½袋

オリーブオイル……大さじ1

薄力粉……大さじ1

A［ 牛乳¾カップ、顆粒コンソメスープの素小さじ2 ］

スライスチーズ……1枚

1 鍋にオリーブオイルを中火で熱し、もやしを入れてクタクタになるまで約5分炒める。

★あらかじめもやしをクタクタになるまで炒めることで、薄力粉となじみやすくなります。

2 1の鍋に薄力粉を加えてしっかり混ぜ、なじんだらAを加えてとろみがつくまで約3分煮る。

3 耐熱容器に2を入れ、スライスチーズをのせて、オーブントースターで約10分焼く。

おすすめのお酒
ハイボール
焼酎
ビール

香ばしいもやしでお酒がすすむ！

もやしの素揚げ

材料◉2人分

もやし……1袋

揚げ油……適量

塩……少々

粗びき黒こしょう……少々

1 フライパンにもやしを入れて、もやしがかぶる程度まで油を注いで中火にかける。油から細かい泡が出てきたら弱火にし、ときどき混ぜながら約12分揚げる。

2 もやしの水分がとんだら取り出し、油をきって塩、こしょうをふる。

★もやしがカリカリのきつね色になるまで揚げます。

水分が多いもやしも、
低温からじっくり揚げれば
油がはねないよ

徹底的に辛くすれば、
もやしの食感、みずみずしさが
引き立つんだ

刺激強めの辛さがクセになる！

激辛もやし炒め

材料◉2人分

もやし……1袋

ごま油……大さじ1

赤唐辛子（半分にちぎる）……2本分

鶏がらスープの素……大さじ½

A［一味唐辛子少々、ラー油小さじ1］

一味唐辛子……少々

1 フライパンに、ごま油と赤唐辛子を中火で熱し、香りがたったらもやしを入れて、しんなりするまで約2分炒める。

2 鶏がらスープの素を加え、Aをかけて混ぜ合わせる。

3 器に盛り、一味唐辛子をふる。

電子レンジだけで作れる超お手軽おつまみ

レンチンもやしの塩昆布あえ

材料◉2人分

もやし……½袋

ごま油……大さじ1

塩昆布……10g

おすすめのお酒

焼酎　日本酒

1 耐熱容器にもやしを入れ、ラップをかけて電子レンジで1分30秒加熱する。

2 1にごま油を加えて混ぜ、さらに塩昆布を加えてあえる。

インドの人ってもやし食べるのかな〜？

クミンの風味と唐辛子のパンチがベストマッチ

もやしのクミン炒め

おすすめのお酒

ビール

材料◉2人分

もやし……1袋

クミンシード……大さじ1/2

サラダ油……大さじ1

赤唐辛子（小口切り）……1本分

塩……小さじ1/4

クミンを入れれば、
たちまちエスニックに

1 フライパンにクミンシードとサラダ油を中火で熱し、香りがたったら赤唐辛子ともやしを入れる。しんなりするまで約2分炒め、塩で調味する。

おすすめのお酒

焼酎　日本酒

ツルッと食べられてのどごしさわやか

とろろもやし

長いもは細かくたたいて、
食感を楽しむのもgood

材料◉2人分

豆もやし……½袋

めんつゆ（3倍濃縮）……適量

長いも（皮をむいてすりおろす）……100g

青のり粉……小さじ1

1 耐熱ボウルに豆もやしを入れ、ラップをかけて電子レンジで3分加熱する。

2 1に、めんつゆ大さじ1を入れてあえる。

3 器に盛り、長いもをかける。好みでめんつゆをかけ、青のり粉をふる。

おつまみド定番のにんにくとバターははずせない！

もやしのガーリックバター炒め

おすすめのお酒

ハイボール　白ワイン　ビール

材料◉２人分

もやし……１袋

サラダ油……大さじ½

にんにく（薄切りにし、水で洗って水けをきる）……２片分

バター（有塩）……20g

しょうゆ……大さじ１

1 フライパンにサラダ油とにんにくを入れて、中火にかける。香りがたったら、もやしを入れてしんなりするまで約２分炒め、バターの半量としょうゆを加えてさらに炒める。

2 器に盛り、残りのバターをのせる。

甘めの味つけがごまのコクを引き立たせる

もやしのごまあえ

おすすめのお酒

焼酎　日本酒

材料◉2人分

もやし……½袋

A［ 黒すりごま小さじ2、しょうゆ小さじ2、砂糖小さじ2 ］

1 耐熱ボウルにもやしを入れてラップをかけ、電子レンジで1分30秒加熱する。

2 1のもやしにAを入れてあえる。

酒のおともには、
香ばしくて濃厚な黒ごまを合わせよう！

冷蔵庫に材料がなくても、これだけでおつまみが作れるってうれしいよね

カリッ、シャキッで食感が楽しい！

もやしのお焼き

おすすめのお酒

ハイボール　日本酒　ビール

材料◉2人分

もやし……½袋

A［ 卵1個、薄力粉大さじ4、水大さじ1、しょうゆ大さじ½、青のり粉小さじ½ ］

サラダ油……大さじ1

B［ 酢、しょうゆ各適量 ］

1 ボウルに A を入れて混ぜ、もやしを加え、しっかりと混ぜてたねを作る。

★スプーンでもやしをつぶすようにして混ぜると、たねがまとまりやすくなります。

2 フライパンにサラダ油を中火で熱し、1 のたねを4等分して広げ入れて焼く。焼き色がついたら裏返して、さらに4分焼く。

3 器に盛り、B をつけていただく。

おすすめのお酒

ハイボール　焼酎　ビール

まるで冷やし中華!?

豆もやしの冷やし中華サラダ

材料◉２人分

豆もやし……１袋

きゅうり（５㎜幅の細切り）……½本分

紅しょうが……適量

A［酢大さじ１½、しょうゆ大さじ１½、ごま油大さじ½、砂糖大さじ½］

白いりごま……適量

練りがらし……適量

1 鍋に湯を沸かし、豆もやしを入れて約２分ゆで、ざるに上げて粗熱をとる。

★時間があるときは、冷蔵庫で冷やしましょう。

2 Aを混ぜ合わせる。

3 器に豆もやし、きゅうり、紅しょうがの順に盛り、2をかける。白ごまをふり、練りがらしを添える。

3章

メインディッシュも、もやしで決まり！

おかずもやし

もやしはかさ増しじゃなく、おかずの主役に

もやしをただの「かさ増し食材」として使っていませんか？　この章では、あくまでも主役はもやし！　もやしをおいしく食べるメインディッシュを紹介します。コツは、肉や魚などの動物性たんぱく質と組み合わせて、もやしに旨みを吸わせること。さらに、もやしは火の通りが早いのでボリュームたっぷりでも、調理時間が短くて済みます。パパッと調理して、おなかいっぱいになる、もやしおかずをめしあがれ！

メインにするならこの組み合わせ!!

もやしおかず

もやしをメインのおかずにするなら、
「肉」「魚介」と組み合わせれば間違いなし。
ちゃんと理由があるから、おいしいもやしおかずになるんです！

もやし×肉

豚肉、鶏肉、牛肉、ひき肉、どれを使ってもOK。もやしが旨みたっぷりの肉汁を吸い、食べごたえが出ます。

もやし×魚介

もやしに合わせるなら、さんまや鮭、いわしなどの脂の多い魚がおすすめ。旨みや風味がある魚介類は、相性バツグンです。

旨みたっぷり、ボリューム満点！

もやしの肉巻きソテー

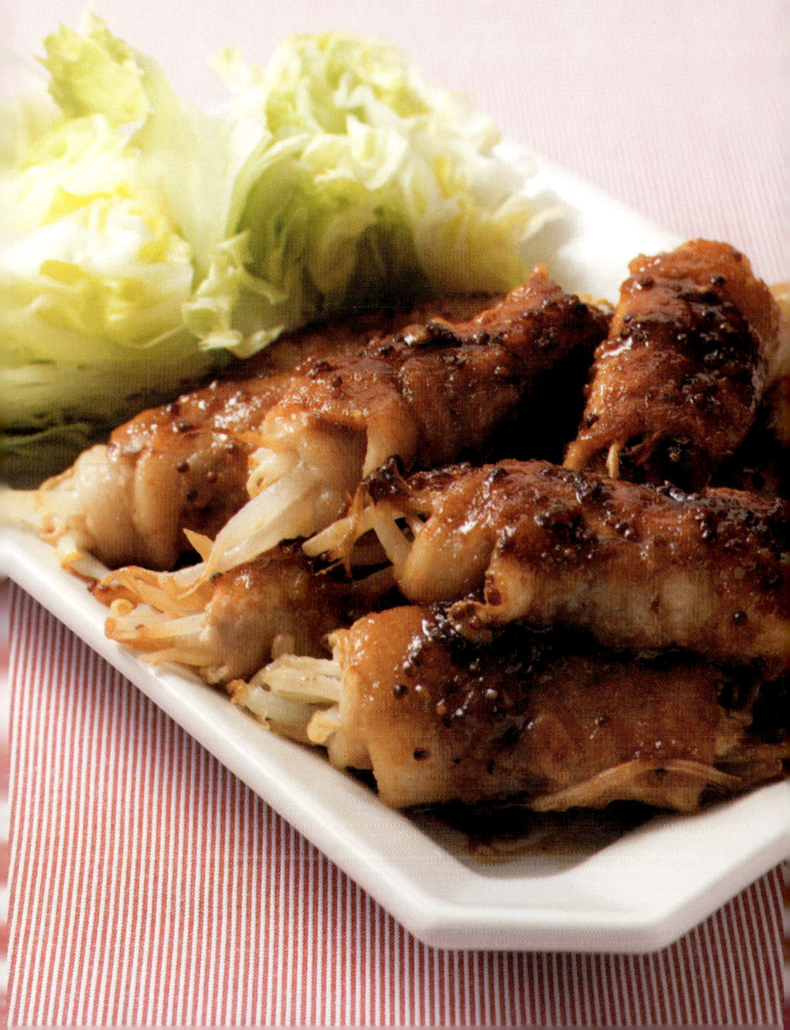

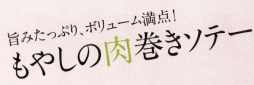

材料◉２人分

もやし……１袋

A［しょうゆ大さじ1、砂糖大さじ½、みりん大さじ½、
　粒マスタード大さじ½］

豚ロース薄切り肉……200g（10枚）

薄力粉……適量

サラダ油……大さじ1

レタス……¼個

1 Aを混ぜ合わせておく。

2 もやしを10等分にする。豚肉を縦向きにおき、手前側にもやしを横向きにのせてきつく巻き、薄力粉をまぶす。

3 フライパンにサラダ油を中火で熱し、豚肉の閉じ目を下にして並べて焼く。焼き色がついたら裏返し、ふたをして4〜5分蒸し焼きにする。Aを加えてからめる。

★蒸し焼きにすることで、もやしと豚肉に旨みを閉じ込めます。

4 器に盛り、レタスを添える。

もやしなら下ゆでしなくていいから、
肉巻きでもお手軽だよね！

豆もやしの味の強さが、甘だれによく合う

鶏手羽の煮込みとゆでもやし

材料◉2人分

豆もやし……1袋

ごま油……小さじ2

鶏手羽先肉……6本

A[しょうゆ大さじ2½、砂糖大さじ2½]

長ねぎ(1cm幅の斜め切り)……½本分

酒……大さじ3

水……¾カップ

水溶き片栗粉[片栗粉小さじ1、水小さじ1½]

1 フライパンにごま油小さじ1を中火で熱し、手羽先を皮目を下にして並べて焼く。焼き色がついたら裏返し、Aを加えて煮からめる。

2 長ねぎを入れて酒と水を注ぎ、ふたをして弱めの中火で12分煮る。

3 耐熱容器に豆もやしを入れ、ごま油小さじ1をからめる。ラップをかけて電子レンジで3分加熱し、器に盛る。

4 2に水溶き片栗粉を混ぜて加え、とろみがついたら、3の豆もやしにかける。

大葉とグリーンカールで巻いてめしあがれ！

もやしたっぷりバインセオ風

材料◉2人分

もやし……1袋

A［ 溶き卵½個分、米粉40g、水80㎖、
あればターメリック少々 ］

サラダ油……大さじ1

むきえび……100g

塩……少々

こしょう……少々

グリーンカール……適量

大葉（縦半分に切る）……5枚分

B［ ナンプラー、レモン汁、一味唐辛子各適量 ］

1 Aを混ぜ合わせて、生地を作る。
★ターメリックを加えると黄色くなり、本格的な色に仕上がります。

2 フライパンにサラダ油大さじ½を中火で熱し、もやしを入れてしんなりするまで炒める。えびを加えて色が変わったら、塩、こしょうをふって取り出す。

3 フライパンをペーパータオルでサッと拭き、サラダ油大さじ½を熱し、1を流し入れてフライパン全体に広げる。手前半分に2の具材をのせ、向こう半分の生地をかぶせ、ふたをして約2分焼く。

4 器に盛り、グリーンカールと大葉を添え、Bを混ぜ合わせて添える。

ベトナムのお母さんたち！　日本のもやしもうまいよ！

沖縄料理の
チャンプルーの
イメージで作ってね！

もやし、卵、かにかまの甘みが好相性！

もやしとかにかまのチャンプルー風

材料◉2人分
もやし……1袋
サラダ油……大さじ1
溶き卵……2個分
かに風味かまぼこ（斜め半分に切る）……8本分
塩……小さじ$\frac{1}{4}$
こしょう……少々

1 フライパンにサラダ油大さじ$\frac{1}{2}$を中火で熱し、溶き卵を入れる。大きくかき混ぜ、卵が半熟になったら取り出す。

2 同じフライパンにサラダ油大さじ$\frac{1}{2}$を熱し、もやしを入れてしんなりするまで炒める。かに風味かまぼこ、塩、こしょうを加える。

3 1の卵を戻し入れ、ほぐしながら炒め合わせる。
★卵ともやしを別々に炒め、それぞれの食感を生かします。

さっぱりしているから、1人10個でもラクラク完食！

もやしごとシュウマイ

材料◉2人分

もやし……1袋

薄力粉……大さじ½

豚ひき肉……250g

A［片栗粉大さじ1½、マヨネーズ大さじ1、
オイスターソース大さじ1］

シュウマイの皮……20枚

サラダ油……大さじ½

水……大さじ3

練りがらし……適宜

B［しょうゆ、酢各適量］

1 もやしの半量を手でもんで1～2㎝長さに割り、薄力粉をまぶす。

2 ボウルにひき肉、Aを入れてよく練り、1のもやしを入れて混ぜ合わせる。20等分して、シュウマイの皮で包む。

3 フライパンにサラダ油を入れて、残りのもやしを敷き詰め、2をもやしの上に並べる。水を注ぎ、弱めの中火にかけ、焼ける音がしてきたらふたをして5～6分蒸し焼きにする。

4 もやしごと器に盛り、好みで練りがらしを添え、Bを混ぜ合わせて添える。

もやしを下敷きにしてすみません。でもうまいんです

肉だねにもやしを入れると、
フワッと仕上がるよ！

脂ののったさんまをもやしでさっぱりいただきます

ゆでさんまとレンチンもやし

材料◉2人分

もやし……1袋

酒……大さじ3

さんま（頭とわたを取り、斜め半分に切る）……2尾分

青ねぎ（斜め切り）……2本分

A［しょうゆ大さじ2、酢大さじ1、砂糖大さじ½、
ごま油大さじ½］

1 フライパンに約3㎝深さの湯を沸かし、酒を加える。さんまを入れ、沸騰しない程度の火加減で、5〜6分ゆでる。

2 耐熱容器にもやしを入れてラップをかけ、電子レンジで3分加熱する。

3 2のもやしを器に盛り、1のさんま、青ねぎをのせて、Aを混ぜ合わせてかける。

ウマイッ
いわしや金目鯛でも
おいしいよ！
もやし

つまり、もやしたっぷりのレバにら炒めです！

レバもや炒め

材料◉2人分

もやし……1袋

豚レバー（薄切り）……200g

A［ 酒大さじ1、塩少々、こしょう少々 ］

片栗粉……大さじ2

サラダ油……大さじ1½

にら（4㎝長さに切る）……½束分

B［ オイスターソース大さじ1、しょうゆ大さじ½、
砂糖大さじ½、おろしにんにく小さじ1 ］

1 レバーにAをからめ、片栗粉をまぶす。

2 フライパンにサラダ油大さじ1を中火で熱し、1を並べて両面をしっかりと焼いて取り出す。

3 フライパンをペーパータオルでサッと拭き、サラダ油大さじ½を熱し、もやしを入れてしんなりするまで炒める。

4 2のレバーを戻し入れ、にらとBを加え、汁けをとばしながら炒める。

レバにらに入っているもやしを探して食べる日々よ、終われ！

バターと味噌のコクがさっぱりもやしにぴったり

鮭ともやしのちゃんちゃん焼き

材料◉2人分

もやし……1袋

生鮭（切り身）……2切れ

塩……少々

こしょう……少々

バター（有塩）……10g

にんじん（3㎜幅の短冊切り）……細4㎝分

貝割れ菜（根元を切り落とす）……1袋分

A［味噌大さじ1½、みりん大さじ½、しょうゆ大さじ½］

1 鮭に塩、こしょうをふる。

2 フライパンにバターの半量を中火で温め、もやしとにんじんを入れてサッと炒め、貝割れ菜と鮭をのせる。Aを混ぜてかけ、ふたをして約5分蒸し焼きにする。

3 鮭に残りのバターをのせる。鮭をほぐして具材と混ぜていただく。

鶏肉の旨みがもやしによくからむ

もやしと鶏もも肉のこしょう炒め

こしょう炒めだから、「これでもか!」ってくらいかけてね

材料◉2人分

豆もやし……1袋

オリーブオイル……大さじ½

鶏もも肉(から揚げ用)……200g

A[酒大さじ2、おろしにんにく小さじ½、塩小さじ¼]

粗びき黒こしょう……適量

1 フライパンにオリーブオイルを熱し、鶏肉を皮目を下にして並べて中火にかける。皮に焼き色がついたら裏返し、豆もやしを入れ、ふたをして約3分蒸し焼きにする。

★鶏肉、豆もやしの順で炒めると、鶏肉の脂や旨みが豆もやしにからみやすくなります。

2 ふたをとってAを加え、汁けをとばしながら炒める。

3 器に盛り、こしょうをたっぷりふる。

品のよい甘だれがもやしを上品に仕上げる

豚肉ともやしの雲白肉《ウンパイロー》

材料◉2人分

もやし……1袋

酒……大さじ2

豚バラ薄切り肉……200g

A［しょうゆ大さじ1$\frac{1}{2}$、酢小さじ2、はちみつ小さじ2、
おろしにんにく小さじ1、一味唐辛子適量］

粉山椒……少々

パクチー（2㎝長さに切る）……1株分

1 鍋に湯を沸かし、もやしを入れて約1分30秒ゆでてざるに上げる。

2 1の湯に酒を入れ、ごく弱火で豚肉をしゃぶしゃぶにして取り出す。

3 器の縁に沿って豚肉を並べ、中央にもやしを盛る。Aを混ぜ合わせてかけ、粉山椒をふり、パクチーをのせる。

パクチーと山椒の
アクセントがたまらない！

もやしって白くてきれいだよね。たった今「もやし美人」って言葉を作った

とろみのあるのりバターソースがもやしによくからむ

ほたてのりバターソテー もやし添え

材料◉2人分

もやし……1袋

焼きのり（手でちぎる）……$\frac{1}{2}$枚分

A［酒大さじ2、しょうゆ大さじ1、レモン汁大さじ$\frac{1}{2}$、バター（有塩）10g］

サラダ油……大さじ1

塩……少々

粗びき黒こしょう……少々

ベビーほたて（ボイル）……200g

1 Aを混ぜ合わせ、のりを加えてさらに混ぜ合わせる。

★のりを入れるととろみがつき、味が具材にからみやすくなります。

★バターはあとで加熱するので、完全に溶けなくてもOKです。

2 フライパンにサラダ油大さじ$\frac{1}{2}$を中火で熱し、もやしがしんなりするまで炒める。塩、こしょうで調味して器に盛る。

3 同じフライパンにサラダ油大さじ$\frac{1}{2}$を熱し、ほたてを並べて焼く。両面に焼き色がついたら、2の上にのせる。

4 同じフライパンに1を入れて中火にかけ、とろみがつくまで混ぜたらほたてにかけ、こしょうをふる。

自宅で

もやしを育ててみました!

実は、もやしって自宅で育てられるんです。
家庭菜園用の緑豆から育ててみました。
豆は、ネットショップなどで購入できます!

下準備

器に緑豆を入れて、一晩つけます。

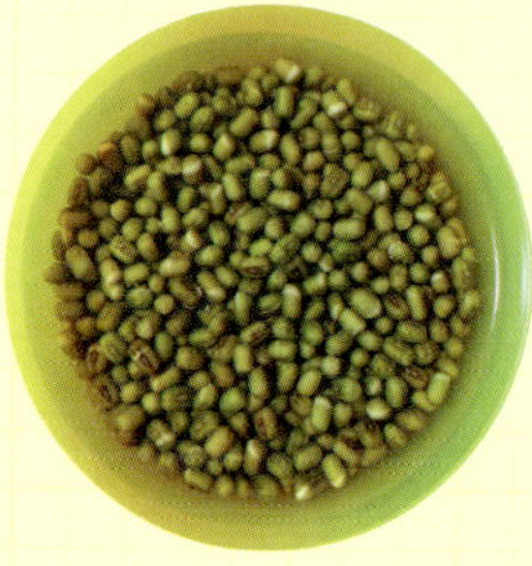

豆が膨らみ、緑色の皮が裂けて白い豆が見えるようになりました。

用意する物

- □ 緑豆(ひとつかみ)
- □ 器(豆が浸せる深さのもの)
- □ ペットボトル容器の下半分
(底に穴をいくつか開ける)
- □ アルミ箔

暑い季節だと。。

同じ一晩でも
暑い時季は、
裂けるのが早い??

毎日すること

豆に水を2～3回通します。朝、晩行います。

1日目 栽培スタート

朝 豆をペットボトル容器に移して、アルミ箔を全面にかぶせて遮光します。

夜 ほとんどの豆の皮が裂けて、ちらほらですが、ちょっぴり芽が出てきた豆も。

2日目

朝 半分以上の豆から、芽が出てきました。

夜 芽が伸びてきました。

3日目

朝 芽がさらに伸びて、緑色の皮が完全にむけた豆も。

＜＜4日目に続くよ！

3日でここまで育つなんて、成長が早いね！

4日目

朝

だいぶ、もやしらしくなってきました。

夜

豆が少しピンク色になっているのは、遮光があまかったから……。食べるのには、問題ありません！

収穫

ひとつかみの緑豆が、200gほどのもやしになりました！

もやしを自分で育てる発想はなかったけれど、
やってみたらもやしのパワーにびっくり！
1週間もたたずに食べられるまで育つし、
豆の量に比べてもやしになったときの量が
倍以上になるし、底力がすごい！

4章

もやし2袋分を一気に作ってストック

作りおきおかずの素

おかずの素を作って、保存性アップ！

便利で調理の手間もかからないもやしですが、難点は傷みやすいこと。たくさん買ってもストックしておけないのが悩みです。そこで、週末や時間のあるときに、まとめておかずの素を作っておくと、5～7日間は保存がきいて安心！　この章では「ピリ辛もやし」「甘酢漬けもやし」「しょうゆ漬けもやし」の3種類をご紹介。そのまま食べるもよし、しっかりした味つけだからトッピングにしてもよし。レシピのバリエーションが広がるのはもちろん、平日のお助け役にもなります！

使い勝手バツグン！

おかずの素のいろは

おかずの素は、忙しい人の強い味方。
もやしを“おかずの素”にするメリットを紹介します。

保存性アップ

生のもやしの保存期間は２～３日ほど。しかし、おかずの素にすれば、５～７日まで保存期間が延びます。

時短でおいしい

味がたっぷり染み込んだおかずの素は、味つけ具材やドレッシングなどの代わりにも。調理時間を短縮し、手間を軽減することができるので、ウィークデーの強い味方です。

作りおきできる

ここで紹介するもやしは２袋使いきり。約１週間保存がきくので、６袋買って３種類作れば、毎日いろいろな料理にアレンジ可能です！

アレンジの幅が広い

和風にも、洋風にも、エスニック風にも使い方次第で、どんなレシピにもアレンジすることができます。

おかずの素 ピリ辛 もやし

一味唐辛子をピリッときかせた
味噌味のおかずの素。エスニック味の
チヂミや酒蒸し、スープが手軽に楽しめます！

**ピリ辛もやし
アレンジレシピ**

もやしのピリ辛チヂミ ➡ p.100

ピリ辛もやしとあさりの酒蒸し ➡ p.102

もやしと春雨のピリ辛スープ ➡ p.103

こんなアレンジがおすすめ

- ＊ 一味唐辛子がきいているから、**韓国・中国料理**に！
- ＊ **和風料理**のアクセントに！
- ＊ 魚や肉を使った主菜の**添え野菜**に！
- ＊ そのまま食べて**おつまみ**に！

保存期間 冷蔵庫で5日間

材料◉作りやすい分量

豆もやし……２袋

**A［ごま油大さじ２、味噌大さじ２、
砂糖大さじ½、一味唐辛子小さじ½、
塩小さじ¼］**

1 鍋に湯を沸かし、豆もやしを入れて約３分ゆでる。ざるに上げ、広げて冷ます。

2 保存用ポリ袋にAを入れて混ぜ合わせる。1のもやしを入れてしっかりもみ、空気を抜いて袋を閉じる。冷蔵庫で半日以上おく。

アレンジ 1

調味料はピリ辛もやしだけ！

もやしのピリ辛チヂミ

材料◉2人分

ピリ辛もやし（→p.98）……¼量（80〜90g）

A［ 卵½個、薄力粉50g、水¼カップ、
鶏がらスープの素小さじ1 ］

にら（小口切り）……½束分

桜えび（乾燥）……5g

ごま油……大さじ1½

B［ しょうゆ、酢各適量 ］

1 ボウルにAを入れて混ぜ、汁けをきったピリ辛もやし、にら、桜えびを加えてさっくり混ぜる。

2 フライパンにごま油大さじ1を熱し、1を円形に流し入れて焼く。焼き色がついたら裏返し、約5分焼いて中まで火を通す。途中、ごま油大さじ½を鍋肌から足してカリッと焼き上げる。

3 食べやすい大きさに切って器に盛り、Bを添える。

アレンジ
2

あっさりしすぎず、おつまみにもぴったり！

ピリ辛もやしとあさりの酒蒸し

材料◉2人分

ピリ辛もやし（→p.98）……¼量（80〜90g）

あさり（殻つき／砂抜きしたもの）……300g

酒……大さじ3

大葉（手でちぎる）……3枚分

1 鍋にあさりと酒を入れてふたをし、中火にかける。あさりの口が開いたら、ピリ辛もやしを加える。ふたをして、サッと蒸し煮にする。

2 もやしがしんなりしたら、大葉を加えて火を止める。

アレンジ 3

超お手軽な中華風スープ

もやしと春雨のピリ辛スープ

材料◉2人分

ピリ辛もやし（→p.98）……¼量（80〜90g）

A［ 水2カップ、鶏がらスープの素小さじ2 ］

春雨（乾燥）……20g

青ねぎ（4㎝長さに切る）……3本分

1 鍋に A を入れて火にかけ、煮立ったら春雨を加えて煮る。

2 春雨がやわらかくなったら、ピリ辛もやしと青ねぎを加え、サッと煮る。

おかずの素 甘酢漬け もやし

料理に酸味をプラスしてくれる
甘酢漬けもやしは、酢の物や
ピクルスの感覚で活用してみましょう。

**甘酢漬けもやし
アレンジレシピ**

もやしのバインミー風
エスニックサンド ➡ p.106

もやしのアボカドサラダ➡p.108

シャキシャキもやしの生春巻き➡p.109

こんな**アレンジ**がおすすめ

- ＊ドレッシング感覚で使えるから**サラダ**に！
- ＊ピクルスとして**サンドイッチやハンバーガーの具材**に！
- ＊パクチーやチリソースと相性がよいから、**エスニック料理**に！

保存期間 冷蔵庫で7日間

材料◉作りやすい分量

もやし……２袋

A［ 赤唐辛子（小口切り）２本分、酢½カップ、砂糖大さじ２、塩小さじ⅔ ］

1 鍋に湯を沸かし、もやしを入れて約３分ゆでる。ざるに上げ、広げて冷ます。

2 保存用ポリ袋にＡを入れて混ぜ合わせる。１のもやしを入れてしっかりもみ、空気を抜いて袋を閉じる。冷蔵庫で半日以上おく。

アレンジ 1

バインミーは、
ベトナム定番のサンドイッチ！
もやし

甘酢漬けもやしをたっぷりはさんでいただきます！

もやしのバインミー風エスニックサンド

材料◉2人分

甘酢漬けもやし……¼量(80〜90g)

バゲット……小1本

コンビーフ(缶詰／ほぐす)……1缶分

パクチー……適量

1 バゲットに、縦に深く切り目を入れてトーストする。

2 コンビーフ、甘酢漬けもやし、パクチーをはさむ。

アレンジ 2

甘酢漬けをドレッシングに

もやしのアボカドサラダ

材料◉2人分

甘酢漬けもやし……¼量(80〜90g)

A［ 甘酢漬けもやしの汁大さじ1、オリーブオイル大さじ1 ］

アボカド(7〜8㎜幅のいちょう切り)……1個分

粗びき黒こしょう……少々

1 ボウルにAを入れて混ぜ合わせ、甘酢漬けもやし、アボカドを加えてあえる。

2 器に盛り、こしょうをふる。

アレンジ3

野菜たっぷり、さっぱりヘルシーに

シャキシャキもやしの生春巻き

材料◉2人分

甘酢漬けもやし
……¼量(80～90g)
生春巻きの皮……4枚
サニーレタス(手でちぎる)
……½個分
きゅうり(2㎜幅の輪切り)
……½本分
スイートチリソース……適量

1 生春巻きの皮の両面を水でぬらし、まな板の上に広げる。皮がやわらかくなったら、皮の手前側にサニーレタス、甘酢漬けもやしの順にのせてひと巻きし、きゅうりを並べて左右両側を内側に折って巻く。

2 食べやすい大きさに切って器に盛り、スイートチリソースを添える。

おかずの素 もやし しょうゆ漬け

しょうゆベースのおかずの素は、
味がたっぷり染み込んだ漬け物のよう。
使い勝手バツグンです。

**しょうゆ漬けもやし
アレンジレシピ**

もやし入りチャーハン➡p.112

厚揚げともやしの煮物➡p.114

もやしのせ温野菜サラダ➡p.115

こんな**アレンジ**がおすすめ

- ＊ 高菜漬けの代わりに、**チャーハン**に！
- ＊ ドレッシングとして、**サラダ**に！
- ＊ しょうゆ味を生かした**和風料理**に！

保存期間　冷蔵庫で7日間

材料◉作りやすい分量

もやし……２袋

**A［ しょうゆ大さじ４、みりん大さじ１、
酢大さじ１、砂糖大さじ１ ］**

1 鍋に湯を沸かし、もやしを入れて約３分ゆでる。ざるに上げ、広げて冷ます。

2 保存用ポリ袋にＡを入れて混ぜ合わせる。１のもやしを入れてしっかりもみ、空気を抜いて袋を閉じる。冷蔵庫で半日以上おく。

アレンジ
1

まな板いらずで、チャチャッと作れる
もやし入りチャーハン

材料◉2人分
しょうゆ漬けもやし……¼量(80〜90g)
温かいご飯……茶碗2杯分
卵……2個
サラダ油……大さじ1
塩……小さじ¼
こしょう……少々

1 ボウルにご飯と卵を入れて混ぜる。

2 フライパンにサラダ油を熱し、1を入れて炒める。ご飯がパラパラになったら、しょうゆ漬けもやしの汁けをよくきって加え、炒め合わせる。

3 塩、こしょうで調味する。

しっかり味を含ませるのがコツ！

厚揚げともやしの煮物

アレンジ 2

材料◉2人分

しょうゆ漬けもやし……¼量(80〜90g)

厚揚げ(1.5㎝厚さの一口大に切る)……1枚分

A［だし汁(→p.38)1カップ、みりん大さじ2、塩小さじ¼］

1 厚揚げをざるにのせ、熱湯をかけて油抜きをする。

2 鍋にAと1を入れて、中火にかける。煮立ったら、汁けをきったしょうゆ漬けもやしを厚揚げの上にのせ、落としぶた（またはアルミ箔）をして約5分煮る。

★時間に余裕があるときは、2をいったん冷まし、粗熱がとれたら温め直していただきましょう。味がよく染みておいしいです。

和風のサラダもお手のもの！

もやしのせ温野菜サラダ

アレンジ 3

材料◉2人分

しょうゆ漬けもやし……1/4量（80〜90g）

ブロッコリー（小房に分ける）……1/2個分

キャベツ（5㎝角に切る）……1/8個分

塩……少々

オリーブオイル……大さじ1

粗びき黒こしょう……少々

1 耐熱の器にブロッコリーとキャベツを並べ、塩をふってラップをかけ、電子レンジで3〜4分加熱する。

2 器に盛り、しょうゆ漬けもやしをのせる。オリーブオイルをかけ、こしょうをふる。

もやしが生き生き、新鮮に保てる

50℃洗い

もやしを買ってきたら、まず“50℃洗い”がおすすめ。鮮度がキープできて、臭みや汚れが取れ、保存性がアップ！　余裕があればぜひ。

① ボウルに湯と水を注ぐ

常温の水と熱湯を1：1の割合で、ボウルに注ぎます。

② 50℃の湯を作る

攪拌して、約50℃の湯になるように調節します。温度は、48～52℃であればOKです。

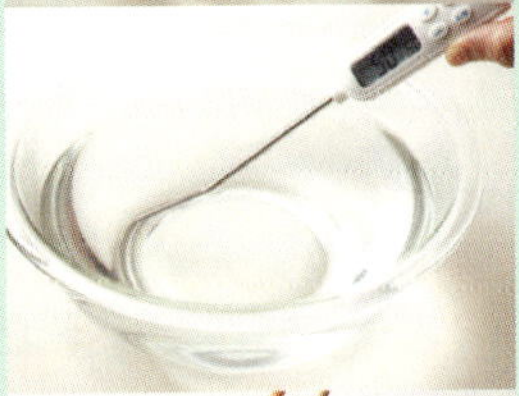

③ もやしを入れて洗う

もやしを２～３分洗います。50℃は思ったよりも熱いので、箸を使いましょう。

43℃以下になると雑菌が繁殖します。必ず差し湯をして温度調節をすること。

④ 水けをきる

洗い終わったら、ざるに上げ、ペーパータオルで水けを拭き取り、冷蔵庫で保存します。

5章

大満足のワンプレートディッシュ

もやしのご飯・めん・パン

平日の夜は、この一品で大満足！

何品も料理を作るのがめんどうなときは、ワンプレートディッシュがおすすめ。

そんなときだってもやしは大活躍！　定番のラーメンやどんぶりとの組み合わせだけでなく、意外にもサンドイッチやカレー、ざるそばなどとの相性もバッチリなんです。

もやしは、使い方次第でアレンジの幅が広がる優秀な食材。この章で、もやしの無限の可能性を感じてください！

もやしは実は
ボリュームがあるから、
ご飯やめん、パンを減らしても
満足感が得られるよ！
K!

アレンジの幅を広げよう!

“新定番”もやしワンプレート

「え、この料理にも合うの？」なんて言葉が聞こえてきそうですが、汎用性の高いもやしだからこそ、どんなレシピにもアレンジできるんです！

カレーにもやし

もやしのカレー炒めではなく、カレーの具材にもやし。今までにはあまりなかったシャキシャキとした食感が新しい、食べるのが楽しくなるカレーです（p.134）。

サンドイッチにもやし

もやしのサンドイッチなんて聞き慣れないですが、もやしをコールスロー風に味つけすれば、パンとのなじみもバッチリです（p.130）。

ざるそばにもやし

ゆでたもやしとそばの組み合わせは、まさに新定番！　ツルッとなめらかなそばの口当たりに、もやしのシャキシャキ感をプラス。あっという間に完食できます（p.124）。

もやしをなめらかなあんにして食感のコントラストを楽しむ

もやしあんかけ丼

材料◉2人分

もやし……½袋

サラダ油……大さじ½

むきえび……100g

うずら卵の水煮（市販）……8個

A［水1½カップ、鶏がらスープの素小さじ2、
オイスターソース小さじ2、しょうゆ小さじ1］

レタス（手でちぎる）……⅛個分

水溶き片栗粉［片栗粉大さじ2、水大さじ3］

温かいご飯……茶碗2杯分

1 フライパンにサラダ油を中火で熱し、もやしを入れて炒める。しんなりしたら、えびとうずら卵の水煮を加えて炒め合わせ、Aを混ぜて注ぎ入れる。

2 煮立ったらさらに約2分煮、レタスを加える。水溶き片栗粉を混ぜ合わせて加え、とろみがつくまで煮る。

★片栗粉は加える直前に水とよく混ぜます。

3 器にご飯を盛り、2のあんをかける。

もやしは、レンチンで水分を出しておくと、
少ないソースでも味がしっかり

材料◉2人分
もやし……1袋
お好み焼きソース……適量
A［ 薄力粉大さじ4、水大さじ4 ］
サラダ油……適量
卵……1個
豚バラ薄切り肉……100g
マヨネーズ……適量
青のり粉……適量

1 耐熱ボウルにもやしを入れてラップをかけ、電子レンジで約3分加熱し、お好み焼きソース大さじ2をからめる。粗熱をとり、水けをしっかりきる。

2 Aをよく混ぜて、たねを作る。

3 フライパンにサラダ油を中火で熱し、卵を割り入れて目玉焼きを作り、取り出す。

4 同じフライパンに、2のたねを大さじ2ほど残して、丸く流し入れる。1のもやし、豚肉の順にのせ、残りのたねをかけて焼く。焼き色がついたら裏返し、さらに約3分焼く。

5 器に盛り、ソース、マヨネーズをかけて青のり粉をふり、3の目玉焼きをのせる。

広島のみなさんとキャベツから、反感を買うかもなあ

中華めんの代わりにもやしを入れて

もやしの広島風お好み焼き

ダイエットする必要がないあなたにも、食べていただきたい一品でございます

おろしそばのようなさっぱりした味わい！
ほぼもやしのざるそば

材料◉2人分
もやし……1袋
そば（乾めん）……100g
A [めんつゆ（3倍濃縮）75ml、水1カップ]

1 鍋に湯を沸かし、もやしを約2分30秒ゆで、ざるに上げて冷蔵庫で冷ます。
★冷たいそばと一緒に食べるので、もやしは冷蔵庫でしっかり冷まします。

2 1の湯を再度沸かし、そばを袋の表示通りにゆで、流水で洗う。水けをしっかりきって器に盛り、1のもやしをのせる。Aを混ぜて添える。

歯ごたえのある新感覚のお茶漬け！

豆もやしの梅スープ茶漬け

材料◉２人分

豆もやし……$\frac{1}{2}$袋

A［ 水２カップ、鶏がらスープの素小さじ２ ］

梅干し（種を取る）……２個分

刻みのり……適量

練りわさび……適量

温かいご飯……茶碗２杯分

1 鍋に A と梅干しを入れて中火にかけ、煮立ったら豆もやしを加えて５分煮る。

2 大きめの碗にご飯を盛り、 1 をかけてのり、わさびをのせる。

もやしを入れて、
食べごたえアップ

まろやかな甘みのある
たれがアクセント！

もやしの油そば

材料◉2人分

もやし……½袋

中華めん……2玉

玉ねぎ（粗みじん切り）……¼個分

ピーナツ（あれば／粗みじん切り）……適量

青ねぎ（小口切り）……3本分

A［ オイスターソース大さじ1、ごま油大さじ1、湯大さじ1、しょうゆ大さじ½、砂糖大さじ½、鶏がらスープの素大さじ½ ］

ラー油……少々

1 鍋に湯を沸かし、もやしを約1分30秒ゆで、ざるに上げる。

2 同じ湯で、めんを袋の表示通りにゆでる。冷水にとって締め、水けをきって器に盛る。

3 1のもやし、玉ねぎ、ピーナツ、青ねぎの順にのせる。Aを混ぜ合わせてかけ、さらにラー油をかける。よく混ぜ合わせていただく。

からしがきいたメリハリのある味わい

ぎっしりもやしサラダサンド

材料◉2人分

もやし……1袋

A［マヨネーズ大さじ3、練りがらし小さじ1］

食パン（8枚切り）……4枚

バター（有塩）……適量

ロースハム（薄切り）……4枚分

1 耐熱ボウルにもやしを入れてラップをかけ、電子レンジで約3分加熱し、粗熱をとる。

2 もやしの水けをしっかりきり、Aを加えて混ぜ合わせる。

3 食パンの片面にバターを塗り、ハム2枚と2、食パンの順にのせ、半分に切る。

もやしサンドって意外だけど、
もやしをコールスロー感覚で使えば、
パンにもよく合うよね！

これだけもやしが多いと、シャキシャキじゃなくてジャキジャキ

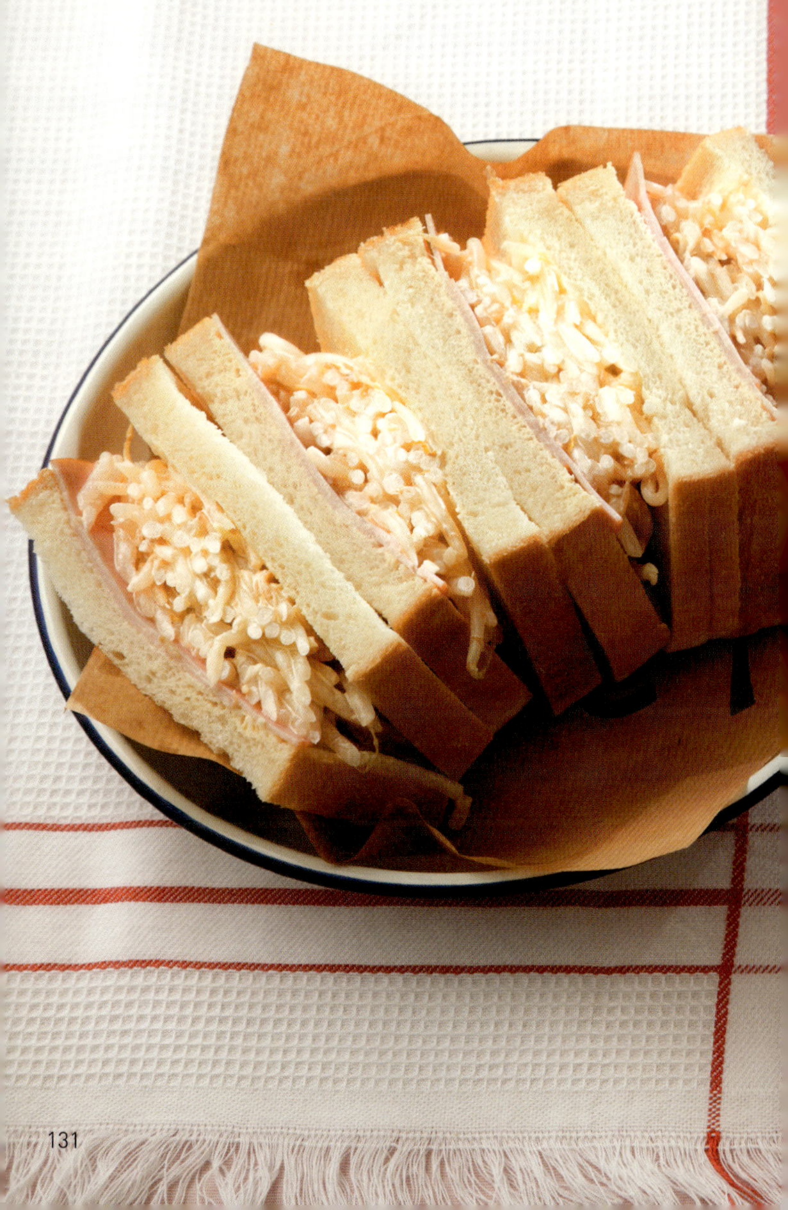

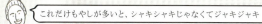

鮭の旨みを吸ったもやしがおいしい！

豆もやしと鮭の炊き込みご飯

材料◉2人分

豆もやし……½袋

米……2合

A［しょうゆ大さじ2、みりん大さじ2］

塩鮭……2切れ

糸三つ葉（3㎝長さに切る）……½束分

1 米は洗って炊飯器に入れる。Aを加えてから通常より少なめに水を入れ、豆もやしと塩鮭をのせて炊飯する。

★もやしから水分が出るので、水は控えめにします。

2 炊き上がったら、鮭の骨を取り除いて、さっくりと混ぜ、三つ葉を加えてひと混ぜする。

もやしが鮭の旨みを吸っているから、
かめば味が口の中に広がる！

「炊き込まれるとは思わなかったよ……」（もやし談）

カレーがシャキシャキ!?　新食感を楽しんで

もやしカレー

いつものカレーに
もやしを入れるだけ!
もやし

材料◉2人分

もやし……½袋

サラダ油……小さじ1

豚こま切れ肉……100g

トマト(1cm角に切る)……小1個分

水……¾カップ

カレールウ……2皿分

温かいご飯……茶碗2杯分

1 フライパンにサラダ油を中火で熱し、豚肉を入れてサッと炒める。豚肉が白っぽくなったら、もやしとトマトを加えて炒め合わせ、しんなりしたら、水を注ぎ入れる。

2 煮立ったらカレールウを加え、混ぜながらとろみがつくまで煮る。

3 器にご飯を盛り、2をかける。

卵黄をからめていただきます

もやしそぼろかけご飯

材料◉2人分
もやし……1袋
ごま油……大さじ1
塩……少々
粗びき黒こしょう……少々
豚ひき肉……150g
A［ オイスターソース大さじ1、しょうゆ大さじ1、砂糖大さじ1 ］
にら（1cm幅の小口切り）……2本分
卵黄……2個
温かいご飯……茶碗2杯分

1 器にご飯を盛る。

2 フライパンにごま油大さじ½を中火で熱し、もやしを入れて炒める。しんなりしたら、塩、こしょうをふり、1のご飯にのせる。

3 同じフライパンにごま油大さじ½を熱し、ひき肉を入れて炒める。パラパラになったらAを加え、汁けがほぼなくなるまで炒め、2のもやしにのせる。

4 にらを散らし、卵黄をのせる。

濃い味つけのひき肉は、
もやしや卵黄と一緒に食べれば、
ちょうどいい味加減に！

育てたもやしで
お手軽レシピ

p.92で育てたもやしは、食べてみると豆の味が強く、
やわらかいことがわかりました。
このもやしを使って、簡単レシピをご紹介。

もやしとチャーシューの中華あえ

材料◉2人分
もやし……200g
チャーシュー(細切り)……25g
A［ごま油大さじ1、しょうゆ小さじ2、
酢小さじ1、おろしにんにく少々］

❶鍋に湯を沸かし、もやしを入れて2分ゆでる。ざるに上げ、水けをきる。
❷ボウルに、❶、チャーシュー、Aを入れてあえる。

もやしとかまぼこのからしあえ

材料◉2人分
もやし……200g
かまぼこ(7〜8㎜幅の細切り)……25g
A［しょうゆ小さじ2、砂糖小さじ1、
練りがらし小さじ½］

❶鍋に湯を沸かし、もやしを入れて2分ゆでる。ざるに上げ、水けをきる。
❷ボウルに、❶、かまぼこ、Aを入れてあえる。

6章

具だくさんでボリュームたっぷり

もやしの小鍋＆スープ

小鍋やスープも、もやしなら短時間で完成!!

鍋料理やスープは、煮込んで時間をかけて作るレシピが多いので、時間がかかると思いがち。もやしを使えば火の通りが早いので、短時間煮ればおいしい小鍋&スープが食べられるんです。また、もやしが味をじゃましないので、クリーム系やエスニック風など、どんな味つけにも合います。

この章で紹介する小鍋は鍋一つで手軽に作れて、具材もたっぷり。スープはもやしをたっぷり使って、食べるスープにしました。体も心も温まる、もやしの小鍋&スープをどうぞ！

小鍋とスープで“もやし”を楽しむ

もやし×小鍋

小鍋にもやしを使うときは、好みの食感を探してみましょう。シャキシャキ感を楽しみたいなら、食べながら少しずつ足して、クタクタがお好みなら、最初から全部入れてしんなりさせてから、味を染み込ませてください！

もやし×スープ

スープにもやしを使うなら、ボリューム満点の食べるタイプに。たっぷり入れたもやしの水分でスープが薄まりやすいので、はっきりとした味つけにするとよいでしょう。

赤いトマトが映えるからおもてなし鍋にも！

まるごとトマトと もやしの小鍋

材料◉2人分

もやし……1袋

A［ 水$1\frac{1}{2}$カップ、だし昆布5㎝角、しょうゆ大さじ1、
塩小さじ$\frac{1}{4}$ ］

トマト（ヘタを取り、反対側に十字の切り目を入れる）……1個

かつお節……適量

青ねぎ（小口切り）……2本分

1 小鍋にA、もやしを入れ、トマトを切り目側を上にして中央に入れる。

2 ふたをして中火にかけ、煮立ったら弱火にし、さらに7～8分煮る。

3 仕上げに、かつお節と青ねぎを散らす。

肉はないけど、問題なし！

さっぱりもやしとレモンの酸味でさわやかなスープ

もやしのレモンコンソメスープ

材料◉2人分

もやし……½袋

オリーブオイル……大さじ½

玉ねぎ（繊維と平行に5㎜幅に切る）……¼個分

A［水1½カップ、顆粒コンソメスープの素小さじ2、塩少々、こしょう少々］

レモン（できれば国産／皮つきのまま、5㎜幅の半月切り）……⅙個分

1 鍋にオリーブオイルを熱し、玉ねぎをしんなりするまで炒めて、Aを加える。

2 煮立ったら、もやしとレモンを加えてサッと煮る。
★最後にもやしを入れて食感を残します。

レモンを皮ごと入れて、
酸味と香りを
極限まで楽しもう！

レモンが好きな人は食べてもいいよ。香りだけでも味わって！

卵と味噌のまろやかさが体に染みわたる

もやしと落とし卵の味噌汁

材料◉2人分

もやし……½袋

だし汁……2カップ

長ねぎ（5㎝分は小口切り、残りは5㎜幅の斜め切り）……½本分

味噌……大さじ1½

卵……2個

1 フライパンにだし汁、もやし、斜め切りにした長ねぎを入れて中火にかける。

2 1が煮立ったら弱火にして約2分煮る。味噌を溶き入れ、具を端に寄せ、空いたところに卵を1つずつ割り入れる。

3 卵が半熟になったら椀に盛り、小口切りの長ねぎをのせる。

落とし卵を成功させるヒケツは、
フライパンで作ること！

子どものころ、落とし卵の味噌汁が出るとテンション上がったな～

牛肉は半分ずつタイミングをずらして入れるのが我が家流

牛肉の旨みをもやしがたっぷり吸収!

もやしすき焼き

材料◉2人分

豆もやし……1袋

牛脂……適量

牛薄切り肉(すき焼き用)……200g

A[しょうゆ大さじ2½、砂糖大さじ2½]

水……½カップ

クレソン……1束

卵……2個

1 フライパンを中火にかけ、牛脂を入れて溶かし、牛肉の半量を入れて炒める。Aを加えて炒め合わせる。

★牛肉は味を出すために、半量を先に入れます。

2 豆もやしを入れて水を注ぎ、煮立ったら約2分煮、クレソンを加える。

3 残りの牛肉を加え、煮えたてを溶き卵につけていただく。

溶き卵は先に箸で卵白をきってから
黄身を3回ほど溶くと、
具材になじみやすくなるよ!

トマトの酸味とピリッとした辛さがアクセント

もやしと豆の
メキシカンスープ

材料◉2人分

もやし……½袋

おろしにんにく……小さじ1

オリーブオイル……大さじ½

レッドキドニー(赤いんげん豆の水煮)……1缶

A[水1カップ、トマトジュース1カップ、
顆粒コンソメスープの素小さじ2]

B[塩少々、こしょう少々、唐辛子ソース適量]

1 フライパンにオリーブオイルとにんにくを中火で熱し、香りがたったら、もやしとレッドキドニーを入れてサッと炒める。

2 Aを加えて、煮立ったら弱火にして約5分煮、Bで調味する。

もやしと水菜でさっぱりいただく!!

もやしとベーコンの重ね蒸し鍋

材料◉2人分

もやし……1袋

A[水½カップ、酒大さじ1、鶏がらスープの素大さじ1]

ベーコン(ハーフサイズ/横半分に切る)……4枚分

水菜(4㎝長さに切る)……½袋分

ポン酢しょうゆ……適宜

1 Aを混ぜ合わせる。

2 小鍋にもやし、ベーコン、水菜の順にのせ、もう一度くり返す。1を注ぐ。

★もやしから水分が出るので、水は少なめでOKです。

3 ふたをして中火にかけ、湯気が上がってきたら弱火にして5分煮る。好みでポン酢しょうゆをかける。

鍋に具材を重ねて冷蔵庫に入れておけば、
食べる前に火にかけるだけでOK

ふたがギリギリしまるくらいまでパンパンに入れてね

もやしがめんに変身!?

もやしザーサイの小鍋

材料◉2人分
もやし……1袋
ごま油……大さじ1
ザーサイ(5㎜幅の細切り)……20g
ロースハム(薄切り/5㎜幅の細切り)……4枚分
A[水2½カップ、塩小さじ⅓]
ラー油……適量

1 小鍋にごま油を中火で熱し、ザーサイ、ハムを入れて炒める。

2 もやしを加えてAを注ぎ、煮立ったらふたをして弱火にする。3〜4分煮、仕上げにラー油をかける。

めんはなくても
ザーサイラーメンの感覚!
〆の一品にどうぞ!

豆乳のやさしい味が染みる、もやしたっぷりスープ

もやしの豆乳スープ

材料◉2人分
豆もやし……1袋
ごま油……大さじ½
鶏ひき肉……100g
A［水1カップ、オイスターソース大さじ1、塩少々］
豆乳（成分無調整）……1カップ
黒すりごま……小さじ1

1 鍋にごま油を中火で熱し、ひき肉を入れて炒める。パラパラになったら、豆もやしとAを加える。

2 煮立ったら約2分煮、豆乳を注ぎ入れて温める。

3 器に盛り、黒ごまをかける。

俺のプロフィール写真、豆もやしのコスプレって気づいた人いるかなあ

野菜・果実

アボカド
もやしのアボカドサラダ ………… 108

貝割れ菜
鮭ともやしのちゃんちゃん焼き ….. 84

キャベツ
浜松風餃子 ………………………… 22
もやしのせ温野菜サラダ ………… 115

きゅうり
シャキシャキもやしの生春巻き … 109
豆もやしの冷やし中華サラダ …… 66

クレソン
もやしすき焼き ………………… 148

玉ねぎ
もやしの油そば ………………… 128
もやしのレモンコンソメスープ …. 144

トマト
豆もやしのトマト炒め ………… 50
まるごとトマトともやしの小鍋 …. 142
もやしカレー ……………………… 134

長いも
とろろもやし……………………… 62

長ねぎ
もやしと落とし卵の味噌汁 ……… 146
もやし焼き春巻き ……………… 30

にら
もやしそぼろかけご飯………… 136
もやしのピリ辛チヂミ ………… 100
レバもや炒め …………………… 82

にんじん
鮭ともやしのちゃんちゃん焼き ….. 84

にんにく
もやしのガーリックバター炒め ….. 63

パクチー
もやしのバインミー風エスニックサンド… 106

ブロッコリー
もやしのせ温野菜サラダ ………… 115

水菜
もやしとベーコンの重ね蒸し鍋 …. 152

レタス・サニーレタス
シャキシャキもやしの生春巻き … 109
もやしあんかけ丼 ……………… 120

レモン
もやしのレモンコンソメスープ …. 144

ご飯・めん・パン

ご飯
豆もやしと鮭の炊き込みご飯 …… 132
豆もやしの梅スープ茶漬け ……… 126
もやしあんかけ丼 ……………… 120
もやし入りチャーハン ………… 112
もやしカレー ……………………… 134
もやしそぼろかけご飯………… 136

パン
ぎっしりもやしサラダサンド ……… 130
もやしのバインミー風エスニックサンド… 106

めん
ほぼもやしのざるそば………… 124
もやしの油そば………………… 128
もやしラーメン…………………… 38

漬け物・春雨・スパイス

激辛もやし炒め ………………… 58
豆もやしの梅スープ茶漬け……… 126
豆もやしのキムチ鍋……………… 28
もやしザーサイの小鍋 ………… 154
もやしと春雨のピリ辛スープ …… 103

主材料別INDEX

※ここで紹介する主材料は、もやし以外の食材です。

肉・肉加工品

牛肉

もやしすき焼き……148

鶏肉

鶏手羽の煮込みとゆでもやし……72
もやしと鶏もも肉のこしょう炒め……86

豚肉

豚肉ともやしの雲白肉……88
もやしカレー……134
もやしの肉巻きソテー……70
もやしの広島風お好み焼き……122
もやしラーメン……38
レバもや炒め……82

ひき肉

バキバキもやしの鶏つくね……32
浜松風餃子……22
もやしごとシュウマイ……78
もやしそぼろかけご飯……136
もやしの豆乳スープ……156

肉加工品

ぎっしりもやしサラダサンド……130
もやしザーサイの小鍋……154
もやしとベーコンの重ね蒸し鍋……152
もやしのバインミー風エスニックサンド……106
もやし焼き春巻き……30

魚介・魚介加工品・海藻

魚介

鮭ともやしのちゃんちゃん焼き……84
ピリ辛もやしとあさりの酒蒸し……102
ほたてののりバターソテー もやし添え……90
豆もやしと鮭の炊き込みご飯……132
もやしあんかけ丼……120
もやしたっぷりバインセオ風……74
ゆでさんまとレンチンもやし……80

魚介加工品・海藻類

うもや……52
もやしとかにかまのチャンプルー風……76
もやしのピリ辛チヂミ……100
レンチンもやしの塩昆布あえ……60

卵・乳製品・豆・大豆加工品

卵

もやしあんかけ丼……120
もやしと落とし卵の味噌汁……146
もやしとかにかまのチャンプルー風……76
もやしの広島風お好み焼き……122
もやし目玉焼き……24

チーズ

もやしのカリカリチーズ焼き……48
もやしのチーズグラタン……54

大豆加工品

厚揚げともやしの煮物……114
豆もやしのキムチ鍋……28
もやしの豆乳スープ……156

レッドキドニー

もやしと豆のメキシカンスープ……150

もやしだけを楽しみたいならコレ!

甘酢漬けもやし……104
しょうゆ漬けもやし……110
ピリ辛もやし……98
豆もやしナムル……26
もやしのお焼き……65
もやしのかき揚げ……36
もやしのクミン炒め……61
もやしのごまあえ……64
もやしのシンプル塩炒め……20
もやしの素揚げ……56
ゆでもやしのホットサラダ……34

撮影／伏見早織（小社写真部）、
山上 忠（p.13、p.40〜44）
デザイン／井寄友香
スタイリング／二野宮友紀子
イラスト／こばやしまちこ
題字、表紙イラスト／小林 晃
校正／株式会社円水社
編集／株式会社スリーシーズン
（花澤靖子、大友美雪、永渕美加子）
編集部／原田敬子

協力／サイキ食品株式会社
有限会社飯塚商店

きじまりゅうた

料理研究家。祖母は料理研究家の村上昭子さん、母は同じく料理研究家の杵島直美さんという家庭に育ち、自身も料理研究家の道へと進む。現在は、男性のリアルな視点から考えた「若い世代にもムリのない料理」を提案。テレビや雑誌を中心に活躍し、自身の料理教室も開催している。主な著書に『ぜんぶ 簡単どんぶり』（世界文化社）など。

きじまりゅうたのダイドコログ
(daidokolog)
http://www.daidokolog.com/

はらぺこ スピードレシピ

ぜんぶ もやしレシピ

発行日　2017年12月25日　初版第1刷発行

著者　きじまりゅうた
発行者　井澤豊一郎
発行　株式会社世界文化社
〒102-8187　東京都千代田区九段北4-2-29
電話　03-3262-5118（編集部）
03-3262-5115（販売部）
印刷・製本　凸版印刷株式会社
DTP製作　株式会社明昌堂

ISBN 978-4-418-17348-8